Publications des « TEMPS NOUVEAUX » N° 4

LES

RÉVOLUTIONNAIRES

AU

CONGRÈS DE LONDRES

CONFÉRENCES ANARCHISTES

PARIS

Au Bureau des « TEMPS NOUVEAUX »
140, RUE MOUFFETARD, 140

1896

LES RÉVOLUTIONNAIRES

AU

CONGRÈS DE LONDRES

ON TROUVE AU MÊME ENDROIT :

Le Socialisme et les Étudiants.

Pourquoi nous sommes internationalistes.

Réformes ou révolution. (Sous presse.)

Publications des « TEMPS NOUVEAUX » N° 4

LES
RÉVOLUTIONNAIRES

AU

CONGRÈS DE LONDRES

CONFÉRENCES ANARCHISTES

PARIS

Au Bureau des « TEMPS NOUVEAUX »

140, RUE MOUFFETARD, 140

1896

LE CONGRÈS DE LONDRES

On a dénié aux communistes anarchistes et aux socialistes « antiparlementaires, leurs frères qui les valent bien (1) », le droit de prendre part aux congrès. Ces gens-là ne sont bons qu'à apporter le trouble dans les assemblées et à en empêcher les travaux; nous verrons dans la suite de quel côté se sont trouvés les perturbateurs.

On a voulu aussi mettre en contradiction avec eux-mêmes les anarchistes qui ont pris part au dernier congrès. Ce n'est cependant pas la première fois que les anarchistes entrent comme délégués dans les réunions socialistes internationales. L'Internationale en comptait un grand nombre dans ses fédérations et dans ses congrès. Si, dans la suite, on ne les vit plus dans les congrès internationaux, c'est que les marxistes autoritaires eurent soin de les expulser et de les écarter de leurs délibérations, espérant par ce procédé brutal accaparer à leur profit le mouvement socialiste.

Mais la protestation révolutionnaire et antiparlementaire, malgré et contre les social-démocrates autoritaires, grandit dans le monde ouvrier. Malgré cette tendance, les marxistes avaient la prétention d'imposer, comme condition d'entrée au Congrès, leur évangile politique, la nécessité de la conquête des pouvoirs publics par l'action parlementaire. Un grand nombre de syndicats et d'organisations ouvrières jugèrent exorbitante cette prétention de vouloir enfermer le mouvement ouvrier dans une formule politique et se reconnurent le droit d'entrer dans un congrès qui prenait ce titre : « Congrès international socialiste des travailleurs et des chambres syndicales ouvrières. » Ils y déléguèrent ceux qui représentaient le mouvement ouvrier révolutionnaire, antiparlementaire.

---

(1) Le *Vorwærts*, organe officiel de la social-démocratie allemande.

Il s'agissait, en effet, d'affirmer que le collectivisme marxiste ne représente pas à lui seul la classe des travailleurs et qu'il faudra continuer de compter avec les révolutionnaires, qui ne sont pas sortis de la voie tracée par les premiers congrès de l'Internationale.

Ce n'est pas qu'en France que les organisations ouvrières se révoltaient contre la monopolisation du socialisme par les social-démocrates.

La Hollande n'était représentée, sauf un délégué d'une organisation social-démocrate de peu d'importance, que par des révolutionnaires antiparlementaires comme Domela Nieuwenhuis et Cornelissen. Admis au Congrès, ils déclarèrent se retirer, n'ayant rien à faire dans un congrès de politiciens.

La moitié de la délégation italienne était anarchiste et la délégation espagnole, malgré les événements de Barcelone, comptait un plus grand nombre de mandats anarchistes que social-démocrates.

Enfin, même dans la délégation allemande, foyer de la social-démocratie, on dut expulser des Indépendants et des anarchistes.

La délégation anglaise comprenait aussi quelques anarchistes, des Trade's-Unions et le Labour Independent Party qui, par l'organe de Keir Hardie et de Tom Mann, protestèrent contre l'exclusion des révolutionnaires.

Par l'énumération des principales questions à l'ordre du jour, on verra quelle importance il y avait pour les révolutionnaires à prendre part à la discussion.

La première question de la circulaire était celle-ci : Guerre et arbitrage, à laquelle devait s'ajouter la « grève militaire »; 2° émigration d'étrangers dépourvus de moyens d'existence; 3° la journée de huit heures, à laquelle devait être ajoutée celle du « minimum de salaire »; 4° le travail des enfants; 5° la grève générale, question aussi de première importance, si l'on considère que la grève générale n'est autre chose que la révolution; 6° la question agraire; 7° le travail aux pièces; 8° la politique coloniale; 9° les conflits entre le capital et le travail. A ces différentes questions de la circulaire, et sur la proposition des Belges, l'on avait ajouté celle-ci : « les coopératives » de production et de consommation. De plus, le Comité central (blanquistes) avait déposé une proposition tendant à faire une manifestation en faveur du suffrage universel dans les pays où il n'existe pas, et à demander « la législation directe du peuple » dans les pays où il existe.

*
* *

C'est dans la section française que se sont passés les événements les plus caractéristiques du Congrès ; là, la lutte entre socialistes parlementaires et révolutionnaires antiparlementaires a revêtu sa forme la plus classique, et la tactique des social-démocrates ne s'est, nulle part ailleurs, mieux révélée sous son vrai jour. Les marxistes, — puisque ainsi se nomment nos partisans de l'action parlementaire — ne prévoyaient pas que la bataille serait aussi rude pour eux ; ignorants du mouvement révolutionnaire qui grandit en dehors de MM. Guesde, Millerand et Jaurès, ils ne se doutaient pas que la protestation contre la tactique politicienne serait aussi forte et aussi énergique ; ils pensaient avoir vite raison des quelques révolutionnaires qui viendraient se fourvoyer chez eux. Aussi ne furent-ils pas peu étonnés de compter près de 35 antiparlementaires sur les 120 délégués français, plus les délégués du parti ouvrier socialiste révolutionnaire; plus les délégués de syndicats ayant mandat de ne pas s'occuper de politique.

C'est M. Gabriel Deville qui ouvrit le feu, soutenu par le pape du collectivisme, M. J. Guesde. Bien que n'ayant pas pris part au Congrès de Zurich, ils eurent l'audace de donner une interprétation à l'article de ce dernier congrès qui réglait les admissions au Congrès de Londres. Cet article disait : « Toutes les chambres syndicales ouvrières seront admises au Congrès, et aussi les partis et organisations socialistes qui reconnaissent la nécessité de l'organisation des travailleurs et de l'action politique. » C'était clair, mais avec sa clarté, cet article avait le malheur d'ouvrir la porte aux syndicats sans qu'on puisse exiger d'eux une profession de foi politique, et ceux-ci pouvaient mettre en échec la clique des politiciens. MM. Guesde et Deville, habitués à interpréter et à torturer les œuvres de Marx, n'eurent pas de peine à commenter la décision du Congrès de Zurich. Ils déclarèrent qu'il y avait dans la déclaration une virgule qui ne doit pas exister et que le sens de l'article était celui-ci : « Sont admis les syndicats et les organisations qui reconnaissent la nécessité de l'action politique. » Cette interprétation Deville fut repoussée par 54 voix contre 48, dans la section française; elle fut également repoussée plus tard par le Congrès.

Un autre incident vint marquer encore cette séance. A la vérification des mandats, on s'aperçut que trois individus étaient présents dans la salle qui n'avaient présenté aucun mandat. C'étaient Jaurès, Viviani et Millerand. Quand on le leur réclame, ces citoyens déclarent nettement qu'ils n'en donneront pas, qu'ils ont droit, en leur qualité de députés, d'entrer au Congrès; qu'ils sont mandatés par leurs électeurs et que cela est plus que suffisant. Jamais pareille outrecuidance ne s'était vue dans un congrès ouvrier; jamais, dans une réunion de socialistes, des individus n'avaient affirmé avec une telle audace qu'ils ne se soumettraient pas aux mêmes règles que les autres; jamais enfin les politiciens n'avaient mieux révélé le caractère sacré et divin qu'ils se décernent. Ils ne pouvaient mieux affirmer qu'eux, députés, étaient au-dessus du monde ouvrier, qu'ils étaient descendus du ciel parlementaire pour le conduire et le diriger. Mais où la haine de ces politiciens contre ce qui est ouvrier se manifeste avec éclat, c'est dans ces paroles où M. Guesde déclare que les députés ont un mandat supérieur à celui de n'importe quel syndicat; car un mandat de syndicat ne vaut que vingt-cinq sous, le prix d'un timbre en caoutchouc. (Un mandat de député a beaucoup plus de valeur; il coûte par jour vingt-cinq francs à la classe ouvrière.) Il serait difficile de (maltraiter d'une façon plus méprisante et plus injurieuse les organisations ouvrières et les syndicats; c'est la conduite habituelle de ces messieurs envers ceux qui ne veulent pas re-

connaître leur supériorité ni servir leur ambition ; ç'a
été la leur, pendant tout le Congrès, envers la délégation ouvrière et syndicale française.

On leur a proposé de les admettre provisoirement
jusqu'à ce qu'ils aient reçu un mandat de leurs comi-
tés électoraux ; ils ont repoussé avec horreur une telle
proposition ; ils veulent entrer sans mandat ou ne pas
entrer. Par 60 voix contre 48, ils sont admis ; si les
défiances que les manœuvres des collectivistes ont
suscitées un peu plus tard étaient nées auparavant, on
aurait certainement demandé un autre mode de vota-
tion que par mains levées et on n'aurait certainement
pas trouvé une majorité pour admettre ces députés.

Le Congrès tout entier, surtout la délégation anglaise,
a protesté contre la prétention éhontée de nos trois
députés ; jamais on n'a compris leur thèse qui les met
au-dessus du commun des mortels ; et ce n'est que grâce
à un tour de passe-passe du bureau que l'on a trouvé,
dans le Congrès, une majorité pour les admettre.

D'ailleurs, ils ont compris leur bévue — un peu tard,
il est vrai ; ils ont déposé des mandats sur le bureau
du Congrès, refusant de les faire viser par la commission de la section française. Allons donc ! est-ce que
des députés vont s'abaisser à ce point de faire vérifier
leurs pouvoirs par des ouvriers ! Mais le Congrès a
déclaré qu'ils devaient remettre leurs mandats à la
commission française, tout comme les autres délégués.

Des divers discours que ces incidents ont fait naître,
nous ne retiendrons que quelques paroles de Jaurès :
pour ce politicien, les syndicats sont réactionnaires
parce qu'ils se placent sur le terrain légal ; tandis
que lui, se place sur un tout autre terrain, puisqu'il
recommande le vote et l'action législative. D'ailleurs, les syndicats représentés au Congrès par
quelques anarchistes, ce sont des syndicats pour la
frime, créés pour la circonstance.

Nous rappellerons aussi que M. Jaurès s'est dit
représentant des paysans, qui, n'étant pas groupés et
organisés, ne pouvaient lui fournir de mandat. Mais
alors, M. Jaurès était en contradiction avec l'article de
Zurich qui dit que, seuls, les organisations politiques

et les syndicats pourront prendre part au Congrès.
M. Jaurès avoua ne représenter ni l'un ni l'autre.

Le premier soin du comité d'organisation fut de
faire voter par le Congrès, dès qu'il fut réuni, le règlement qu'il avait manipulé, et en particulier l'article 11. Cet article est ainsi conçu : « Aucune proposition tendant à modifier le règlement du Congrès et
l'ordre du jour ne peut être acceptée ni discutée après
le lundi (premier jour du Congrès). »

Pour bien comprendre l'importance de cet article 11,
il faut connaître l'esprit profondément machiavélique
des social-démocrates organisateurs du Congrès. Par
le vote de l'article 11, le Congrès donnait force de loi
à la déclaration du Congrès de Zurich, sur l'interprétation de laquelle on n'était pas encore fixé, et qui,
selon le sens qu'on lui donnerait, accepterait ou ex-
clurait les syndicats qui se refusaient à toute profession
de foi politique. De plus, l'article 11 voté, on ne pouvait plus faire inscrire à l'ordre du jour de nouvelles
propositions ou des propositions que les organisateurs
du Congrès avaient de parti pris oublié d'inscrire dans
l'ordre du jour, par exemple la grève générale.

Chaque nationalité fut invitée à se prononcer dans
son sein sur l'article 11.

Dans la section française, la question de l'article 11
donne lieu à une séance très mouvementée ; c'est l'épi-
sode le plus marquant de la lutte entre marxistes autoritaires et socialistes révolutionnaires, entre politiciens
et délégués ouvriers. M. Deville, qui ne se console pas
de son échec du matin, déclare que pour lui l'accepta-
tion de l'article 11 remettra en question les mandats
validés le matin et que le vote de cet article confirmant
la résolution de Zurich, les délégués même de syndicats devront reconnaître la nécessité de l'action parlementaire ou se retirer. M. Deville n'était en cela que
le porte-parole de la fraction marxiste. La question
était nettement posée. Pour ces messieurs, le congrès
qui s'intitule « Congrès international socialiste des
travailleurs et des chambres syndicales ouvrières »
doit repousser les travailleurs socialistes et les chambres syndicales ouvrières qui ne veulent pas accepter

la tactique social-démocrate. Que le Congrès s'intitule social-démocrate ou socialiste parlementaire, les travailleurs socialistes et les syndicats ne viendront pas en forcer la porte ; mais quand un congrès prend le titre de Congrès ouvrier et socialiste, ils croient de leur droit à eux, ouvriers, d'y prendre part, et à eux, socialistes antiparlementaires, d'y venir représenter un mouvement important.

Certes, cela gêne les vues des marxistes. Eux seuls possèdent l'unique théorie et la vraie tactique socialistes et ils refusent à tout autre le titre de socialiste. Eux, et seulement eux, représentent le mouvement ouvrier ; ils entrent donc en furie quand d'autres viennent affirmer qu'ils sont aussi socialistes, sans être marxistes, et qu'à côté du courant social-démocrate, dans le monde ouvrier, il y a un courant révolutionnaire qui se refuse à entrer dans la voie tortueuse du parlementarisme. On comprendra donc l'importance pour les marxistes d'exclure leurs adversaires, pour crier ensuite : « Nous seuls représentons la France socialiste. » Ces discussions ont permis à Jaurès, nouveau-venu au socialisme, de jeter l'anathème aux révolutionnaires et de leur refuser le titre de socialistes. Pour lui, le socialisme est d'essence politique. Si M. Jaurès, en venant de l'opportunisme, s'était mieux assimilé la tradition socialiste, il admettrait plutôt que le socialisme est la suppression de la propriété privée, ainsi qu'on le lui a répondu. Mais pour un politicien, une telle définition est arbitraire.

Notre conduite antiparlementaire effrayait M. Jaurès, car nous allions donner aux Trade's-unions anglaises encore réactionnaires le spectacle d'un socialisme révolutionnaire qui veut se réaliser autrement que par la politique.

Enfin, la question bien précisée, il ne s'agissait plus que de la résoudre par le vote. Le vote nominal, d'abord douteux, après pointage, donna 57 voix contre l'adoption de l'article 11, et 56 pour (1). Les marxistes auto-

---

(1) Le bureau nous affirma ensuite que le chiffre exact était 55, que sur même nom il avait été répondu deux fois oui.

ritaires étaient battus dans la section française ; ils se retirèrent immédiatement, entraînant avec eux quelques blanquistes ; mais ceux-ci revinrent quand ils virent que Vaillant, qui présidait, restait au bureau. En effet, Vaillant déclara que la séance continuait et que le retrait de la minorité, qui n'acceptait pas loyalement sa défaite, n'empêchait pas la délégation française de continuer ses travaux.

On désigna les délégués qui devaient prendre part aux travaux des commissions, et l'on poussa même le respect de la minorité jusqu'à nommer autant de membres que la majorité.

Nous ne devons pas omettre un fait qui, dans le tumulte soulevé par le départ de la minorité, passa presque inaperçu, bien qu'il eût une certaine importance. Un des marxistes, avant son départ, tenta de s'emparer de la totalité des mandats que le secrétaire de la commission avait déposés sur le bureau ; mais il eut fort heureusement affaire à plus forte partie.

La minorité, ou plutôt la partie de la minorité qui s'était retirée et qui comprenait 45 membres, lança le jour même un manifeste où elle déclara qu'elle ne voulait plus avoir de contact physique avec la majorité de la délégation !

La délégation régulière française se trouva donc composée de 77 membres, représentants de syndicats, délégués du Parti ouvrier socialiste révolutionnaire, délégués du Comité révolutionnaire central.

Les intrigues de la section marxiste, de connivence avec les organisateurs du Congrès, soulevèrent l'indignation de tous, et en particulier des citoyens Vaillant et Sembat, qui protestèrent publiquement.

Cette section d'autoritaires demanda au Congrès, à la stupéfaction des Anglais, de constituer une délégation française à côté de la délégation régulière. Des autoritaires un peu plus honnêtes protestèrent, et cela leur valut, comme à Vandervelde, les épithètes de « traître !... jésuite ! » Le bureau trouva cependant une majorité — nous verrons plus tard par suite de quelles manœuvres — pour sanctionner la division de la délégation française en deux délégations.

Tels furent les incidents qui, dans la section française, amenèrent la séparation des socialistes parlementaires petits bourgeois, de la délégation ouvrière et révolutionnaire.

En séance du Congrès, avant le vote sur l'article 11, les organisateurs, renseignés sur le nombre considérable de délégués de syndicats qu'ils seraient forcés d'expulser si l'on entendait la déclaration de Zurich comme Deville et Guesde, affirmèrent que le vote de l'article 11 n'obligerait nullement les syndicats à se déclarer partisans de l'action parlementaire. C'était la consécration de la défaite des marxistes français.

*
* *

Nous avons vu l'œuvre des marxistes autoritaires dans la délégation française, poursuivons-la dans le Congrès. Nous les verrons, là aussi, vouloir monopoliser le socialisme et chercher à écarter tous ceux qui ne jurent pas sur l'évangile de Marx. Mais il est nécessaire, pour comprendre leurs intrigues, de savoir par qui et comment a été organisé ce congrès.

Comme jusqu'ici tous les congrès internationaux, c'est sous l'égide de la « Famille de Marx » qu'il fut dirigé. Depuis le début des congrès de l'Internationale, Marx et ses fidèles n'ont eu qu'un but, s'emparer des pouvoirs de l'Internationale ou des congrès, et exclure tous ceux qui ne reconnaîtraient pas la supériorité de leur doctrine et de leur tactique. Par des procédés de gouvernement empruntés à la société capitaliste, truquage des votes, majorité composée de groupes fictifs, traductions faussées, etc., etc., ils sont parvenus à éliminer de l'Internationale ceux qui, tout en étant socialistes, se réclamaient d'une autre tactique. C'est ainsi qu'ils ont tué l'Internationale.

Marx mort, sa famille continua son œuvre de domination dans les congrès. « La Famille », représentée à Londres par M. et Mme Aveling, gendre et fille de Marx, par leurs alliés d'Allemagne, Bebel-Singer-Liebknecht, par Lafargue, gendre de Marx, suivi des collectivistes français, n'a pas failli à sa réputation dans ce présent congrès. Ils y ont joué le rôle de gouvernement, et nous ont donné le spectacle d'un gouvernement plus autoritaire et plus intolérant que n'importe quel gouvernement bourgeois. Pendant toute la durée du Congrès, ils se sont arrangés de façon à toujours diriger les débats.

En effet, 1° ou le président du Congrès est un membre, un ami, un allié de la « famille » Marx, et il refuse la parole à tous ceux qui ne sont ni amis, ni alliés, ni membres de la « famille »; 2° ou le président est indépendant et c'est alors le bureau, c'est-à-dire la « famille », qui préside et refrène toutes les velléités d'indépendance; 3° si même, par ruse ou par tout autre moyen, on obtient miraculeusement la parole, les traducteurs, tous membres de la « famille » ou affiliés, ont soin de fausser scrupuleusement les discours qu'ils traduisent (Mme Aveling) ou, plus simplement encore, déclarent n'y avoir rien compris (Mme Zetkin) et se refusent à toute traduction; 4° quand un vote à main levée déplaît à la « famille », un de ses membres se lève et demande le vote par nationalité, qui est alors de droit, et la Bulgarie, la Pologne, la Russie, la Bohême, l'Australie, la Roumanie, etc., toutes nations dont la représentation est un des privilèges de la « famille », ont tôt fait de changer le vote pour le plus grand profit de l'internationale social-démocratie; 5° le vote à main levée était lui-même vicié par l'étrange représentation des Anglais. La Social democratic Federation avait, en effet, 120 délégués, tandis que l'Independent Labour Party, dont les adhérents sont à peu près trente fois plus nombreux, ne comptait que 115 délégués; la représentation des Trade's-unions était encore plus inversement proportionnelle, etc.

Malgré toutes les machinations du bureau d'organisation, on pouvait encore espérer, le jeudi matin, que les questions mises à l'ordre du jour seraient au moins discutées avec un semblant de sérieux, pendant les deux journées et demie qui restaient. Il n'en fut rien. Quelques-unes de ces questions étaient pourtant particulièrement intéressantes.

En 1895, Bebel et Liebknecht, qui préconisent à l'égard de la petite propriété paysanne la même tactique de ménagements et de flagornerie que nos soi-disant socialistes français, avaient été mis en minorité en Allemagne même. On pouvait croire qu'en ajournant une décision définitive les social-démocrates allemands voulaient soumettre le différend au Congrès international.

En France, l'immense majorité des syndicats, aux Congrès corporatifs de Nantes et de Limoges, s'étaient prononcés en faveur du principe de la grève générale; cette tactique, repoussée par les guesdistes, était digne d'attirer l'attention d'un congrès tenu dans un pays où des grèves immenses ont éclaté, où, pendant la semaine même du Congrès, les dockers et les ouvriers des transports maritimes d'Angleterre et des Etats-Unis ont été sur le point de suspendre toute la vie économique.

Enfin, après une manifestation comme celle d'Hyde-Park, où 100.000 hommes avaient réclamé le maintien de la paix internationale, il était logique d'aviser aux moyens immédiatement pratiques de réaliser cette paix.

Si ces questions de capitale importance avaient été seules à l'ordre du jour, les social-démocrates de tous les pays, voire de la Carniole, auraient bien été forcés de s'en occuper, d'entendre quelques orateurs qui n'auraient point flatté leurs oreilles. Heureusement pour eux que dans leur prévoyance ils avaient mis au programme des points sur lesquels tout le monde était d'accord, comme l'éducation intégrale et la mise à la charge de la société de tous enfants. D'autres revendications, comme le droit à l'existence pour toutes les nationalités, le droit au scrutin de ballottage, n'étaient point faites pour soulever l'enthousiasme révolutionnaire.

Ce furent précisément ces questions minimes, ou résolues, qui eurent l'honneur de fixer l'attention de ces messieurs de la social-démocratie. Pendant un jour et demi on établit des cantines scolaires, puis on les supprima; on porta la limite de l'écolage à 16 ans, d'une façon brusque d'abord, puis graduelle; on donna le droit de vote aux femmes, le referendum au peuple ; dans l'intervalle. M. Aveling lut des lettres de félicitations venues de tous les points de l'horizon ; on flétrit énergiquement M. Barthou, qui avait suspendu le citoyen Delory, maire de Lille. Et tout cela était une matière admirable à mettre en beaux discours.

Enfin le vendredi soir vint : la question agraire aussi. Mais comme, depuis un an, Bebel et Kautsky n'étaient parvenus ni à se vaincre, ni à se convaincre, on décida en diligence que chaque pays serait libre de résoudre la question agraire à sa fantaisie. Allemane s'était trouvé seul dans la commission à réclamer une méthode uniforme de propagande ; il ne lui fut même pas loisible d'être considéré comme une minorité et de défendre son point de vue devant le Congrès.

Boicervoise eut plus de chance et parvint à prêcher la grève militaire ; mais on constata prudemment que le militarisme ne serait supprimé que dans une société socialiste. Il est incontestable, en effet, que la révolution sera plus facile à faire, quand le prolétariat sera le maître de la situation.

Mot désagréable, au surplus, que celui de grève. On le vit bien quand, le samedi matin, en une demi-heure, on traça au prolétariat international sa ligne de conduite dans l'action économique. On pensera sans doute qu'il valait mieux laisser la question entière que d'en parler si peu ; mais voyez-vous la posture d'un congrès qui n'aurait soufflé mot de la raison principale de son existence ? On parla donc de l'action économique, et l'on vota cette revendication nouvelle de la journée de huit heures. On parla même de la grève générale ; Guérard put lire le rapport de la minorité de la commission, quinze lignes où il demandait simplement que la question fût mise à l'étude du prochain congrès. Cela ne méritait point d'arrêter l'attention de citoyens qui ont été, sont ou seront députés. On ne prit pas la peine de le faire sentir à Guérard, et son rapport ne fut ni discuté, ni mis aux voix.

Par la manière dont elle avait enlevé la victoire, la social-démocratie d'Allemagne avait bien mérité d'organiser le prochain congrès, en 1899.

CONCLUSION

La conclusion qu'il y a à tirer de tous ces faits apparaît facilement. Le Congrès, qui portait comme titre : « *International Socialistworkers and Trade's unions Congress* » (Congrès international des ouvriers socialistes et des Trade's-unions) n'était ni socialiste ni ouvrier. Personne n'oserait soutenir, quelle que soit son ignorance ou son impudence, fût-il même député et député social-démocrate, que ce congrès fut un congrès ouvrier. Malgré son titre, on faisait appel à autre chose qu'à des ouvriers et à des syndicats. Mieux que cela, l'élément ouvrier a été systématiquement mis à l'écart, insulté, berné, par l'élément qui, bourgeois d'origine, est maintenant petit bourgeois de tendance. De nombreux exemples pourront illustrer ces affirmations. La Fédération des Bourses du Travail de France et des colonies avait envoyé en temps convenable des propositions pour l'ordre du jour. Elles n'y furent pas insérées, et pour s'excuser on se borna à dire qu'elles avaient été oubliées et que récriminer ne servirait plus de rien. — Le comité d'organisation de la grève générale avait eu beaucoup de difficulté à se faire admettre par la commission d'organisation. — Quatre Français devaient parler à la démonstration de Hyde-Park, Guesde, Millerand, Jaurès, Lafargue, trois députés et un ancien député. Les ouvriers français demandèrent qu'au moins un travailleur pût prendre la parole et ils déléguèrent à cet effet leur camarade E. Guérard, secrétaire du Syndicat national des travailleurs des chemins de fer français (60.000 adhérents). Les trois députés parlèrent au nom du Parti ouvrier; même l'ancien député (gendre de K. Marx, il est vrai) prit la parole, mais Guérard dut se taire : il parut surprenant aux délégués des syndicats qu'un des leurs n'ait pu se faire entendre parce qu'il n'était ni gendre ni député; mais croyant que c'était une habitude anglaise, ils n'insistèrent pas trop. Le Congrès s'est fort peu inquiété des intérêts propres des ouvriers. Il a déclaré ne pas voir la possibilité d'une grève générale internationale, etc., etc. On a restreint pour les prochains congrès la liberté des conditions d'admission des syndicats et, à l'avenir, il faudra que les organisations purement corporatives, bien qu'elles ne fassent pas de politique militante. déclarent reconnaître la nécessité de l'action législative et parlementaire.

Si ce congrès, malgré son titre, n'a été ouvrier que de nom, si ce sont toujours les membres de la « famille » et les députés qui, par leurs finesses et leurs brutalités, ont souvent frauduleusement imposé aux représentants ouvriers leur morgue et leur ignorance, il ne faudrait pas croire que le Congrès a été socialiste. Il n'a pas voulu se prononcer contre la petite propriété privée et il a exclu de son sein des communistes. Il a exclu, pour tous les congrès à venir, tous les communistes ou collectivistes qui ne croient pas à la nécessité de l'action législative ou parlementaire. Les communistes révolutionnaires d'Allemagne, les socialistes antiparlementaires de Hollande, etc., ont été, avant même la réunion du Congrès, déclarés indignes d'être inscrits sur le rôle des délégués. Sauf en France et en Angleterre, où tous les mandats ont été validés, tous les socialistes non démocrates et révolutionnaires ont vu leurs mandats annulés, parfois avec férocité, comme dans la section polonaise.

La social-démocratie n'a pas moissonné tant de lauriers sans qu'on ait quelque peu protesté contre l'excellence même de sa diplomatie. La plus importante de ces protestations est celle qu'ont fait paraître un certain nombre de trade-unionistes anglais et de membres de l'Independent Labour Party. « Nous protestons, disaient-ils, contre la violation du principe originel de l'ancienne Association Internationale des Travailleurs. Nous protestons contre l'exclusion de ceux qui professent des idées révolutionnaires et s'appellent anarchistes communistes ou communistes antiparlementaires et qui, néanmoins, croient en l'action directe des

organisations ouvrières pour l'émancipation économique du travail, etc.

C'est que tant que le socialisme n'a eu affaire qu'à
des ouvriers proprement dits, il est resté très intransi-
geant. Ses représentants les plus éminents n'avaient
que des paroles amères pour ce que Marx appelait déjà
en 69 la démocratie socialiste, le socialisme des petits
bourgeois et des épiciers, etc. « On a émoussé la pointe
révolutionnaire des revendications sociales du prolétariat pour leur donner une tournure démocratique. »
(K. Marx, *18 Brumaire*, page 41.) Ils ont voulu user des
armes légales dans l'action politique, du bulletin de
vote, et, comme dit Bebel, de la machinerie parlementaire. Ils ont abandonné avec une rapidité curieuse tout
ce qui était la raison même de leur existence comme
socialistes, et pour avoir des voix ils ont adopté le point
de vue de la petite bourgeoisie commerçante et paysanne
« qui croit que les conditions *particulières* de son
émancipation sont les conditions *générales* sous les-
quelles seulement la société moderne peut obtenir sa
libération et éviter la lutte de classe » (K. Marx, *op. cit.*,
page 42). Ils font de la politique et veulent que tous les
socialistes en fassent à leur manière. Socialisme, pour les
petits bourgeois, ne veut plus dire suppression de la
propriété individuelle (c'est une définition arbitraire,
a dit Jaurès, à Londres). Son essence est d'être politique,
a déclaré le même député au même endroit, et Rouanet,
son collègue, à la *Petite République*, c'est-à-dire petit
bourgeois.

La « Sainte Famille », les députés et leurs amis
essaient avec une habileté mal informée d'ériger en
monopole à leur profit le socialisme, mais ils n'y par-
viennent que peu ; de nouvelles tendances se font
jour dans les syndicats et chez les socialistes d'an-
ciennes tendances se réveillent. La Fédération des
Bourses du Travail, les fédérations de métiers fran-
çaises, les syndicats, etc., ont pris nettement position,
se déclarent communistes, révolutionnaires, antiparlementaires. (Voir la circulaire envoyée par la Fédération des Bourses au Congrès corporatif allemand,
voir ses propositions non insérées à l'ordre du jour du

Congrès, la circulaire écrite par la Fédération du bâtiment à propos du Congrès, etc.). Des syndicats anglais suivent la même évolution (voir la circulaire envoyée par les Trade's-unionists à propos de l'admission des communistes anarchistes, la protestation des Trade's-unionists anglais à propos de l'exclusion des anarchistes communistes du Congrès). En Italie, en Espagne, dans l'Amérique du Sud, les mêmes tendances se font sentir (voir les mandats de Malatesta et de Gori).

Le Parti ouvrier socialiste révolutionnaire en France s'est placé à peu près sur le même terrain, ainsi que le nombre considérable de communistes anarchistes (31) qui représentaient des syndicats français. Il s'y est rencontré en Angleterre avec beaucoup de membres de l'Independent Labour Party. Il y a longtemps que le Socialisten Bound Hollandais (Domela Nieuwenhuis, C. Cornelissen) l'avait adopté.

Il se forme donc un grand parti socialiste (communiste) révolutionnaire antiparlementaire, qui, de toutes ses forces, tient à s'opposer à ce que les social-démocrates s'emparent du titre de socialistes. Ils sont ouvriers ou représentent des ouvriers. Ils ne tiennent pas aux élus, ils sont même opposés à l'action parlementaire et électorale. Ils n'ont donc pas intérêt à se concilier l'aide des paysans et des petits commerçants. Ils veulent *agiter*, puis, le moment venu, *révolutionner*, par la grève générale ou par tout autre moyen. Des députés ont bien autre chose à faire et ne peuvent s'entendre avec des gens aussi peu « pratiques », aussi peu « révolutionnaires », aussi peu « socialistes ». Grâce à leurs manœuvres, ils ont fait prévaloir leur manière de voir au Congrès de Londres. Aussi le Congrès de Londres est-il le *dernier des Congrès*.

AUTOUR DU CONGRÈS

Les camarades présents à Londres au moment du Congrès n'ont pas perdu leur temps. Profitant de l'état d'esprit, ils ont de suite organisé plusieurs réunions. La première, qui a eu lieu le mardi 28 juillet, a réussi au delà de tout espoir, car force a été aux organisateurs de louer une seconde salle à côté.

Plus de 3.000 personnes se pressaient dans Holborn Town-Hall pour entendre nos camarades P. Kropotkine, E. Reclus, Louise Michel, V. Gori, Keir Hardie, Tom Mann, Domela Nieuwenhuis, B. Lazare, P. Landauer, etc., etc.

Pendant plus de trois heures nos camarades ont affirmé la nécessité de la transformation de la société capitaliste en une société d'hommes libres. C'est assurément une des plus belles réunions et celle qui comptera le plus dans le mouvement anarchiste de ces dernières années. Un journal entier ne suffirait pas pour résumer les discours de nos amis.

A la fin de cette première réunion, il fut décidé que tant que les camarades venus pour le Congrès seraient à Londres, il y aurait réunion tous les soirs; de plus, que les camarades exclus du Congrès social-démocrate se réuniraient tous les jours dans la salle de Saint-Martin's Town-Hall. Notre camarade Tcherkesoff a rappelé que c'est dans cette même salle que fut fondée l'Internationale des travailleurs, il y a 32 ans.

L'ordre du jour très chargé que les camarades se proposaient de discuter n'a pu être épuisé, faute de temps (1).

---

(1) Le camarade qui se trouvait au bureau pour la traduction des textes en anglais, allemand et français a ouvert la première séance par cette leçon aux social-démocrates : « Nous avons projeté hier au soir ce congrès. Il est 2 heures après midi, la discussion va commencer immédiatement. Nous avons fait en quelques heures ce que les marxistes ont mis trois ans à préparer. »

Il comprenait :

1° Le mouvement anarchiste et antiparlementaire dans les différents pays;

2° L'anarchisme socialiste et le socialisme étatiste;

3° L'action parlementaire et son fiasco ;

4° La grève générale;

5° La guerre et la grève militaire;

6° Le mouvement syndical et la coopération contre la législation ouvrière;

7° Réformes graduelles et Révolution;

8° La propagande dans les campagnes;

9° Crimes et criminels;

10° L'anarchisme et la violence.

Comme on le voit, les camarades s'étaient taillé de la besogne, et tous avaient à cœur d'échanger leurs opinions sur les différentes manières d'envisager la possibilité de donner une plus grande ampleur à la propagande. Malheureusement, le temps a manqué pour examiner toutes les questions.

La première soirée a été cónsacrée au mouvement proprement dit. Pelloutier a parlé du mouvement anarchiste dans les syndicats; Tortelier a ensuite parlé sur le mouvement en général, montrant celui-ci envahissant de plus en plus et gagnant jusque dans la classe bourgeoise.

La deuxième journée a été exclusivement consacrée à la discussion de la question agraire et de la propagande à faire chez les paysans.

Domela Nieuwenhuis, après avoir critiqué les social-démocrates qui ne voient dans la question agraire qu'une question électorale, a très clairement exposé qu'il fallait aller très franchement aux paysans et leur démontrer l'utilité et les avantages qu'ils retireraient d'une société communiste.

Après lui, Pouget a démontré clairement que les paysans avaient été et seraient encore l'appoint qui déciderait la victoire de la Révolution.

Malatesta a ensuite abordé la question sous un nouveau jour; après avoir fait une critique très serrée des théories marxistes en démontrant qu'une seule découverte pourrait changer de fond en cómble les conditions économiques, il a exposé que nous, anarchistes, nous devions surtout combattre l'accaparement des instruments de travail, dans un but d'exploitation mutuelle.

Après lui, divers camarades anglais et hollandais, parmi lesquels C. Cornelissen, ont donné des renseignements intéressants sur la question et la manière dont elle se posait dans leurs pays respectifs.

La séance du vendredi, la dernière, malheureusement trop courte, a été consacrée à la critique de l'action parlementaire. Domela Nieuwenhuis a vertement tancé les organisateurs du Congrès social-démocrate et a lu une résolution qui, après avoir répudié l'action parlementaire, préconise l'action révolutionnaire comme seule capable d'améliorer les conditions économiques et sociales du prolétariat.

Après lui, le camarade Gori a refusé au Congrès le titre de socialiste, rappelant avec beaucoup d'à-propos que, dans ses longs discours, le député italien Ferri n'a pas eu un mot pour les socialistes italiens qui souffrent du « domicilio coatto » dans les îles de la Méditerranée. Puis Gori lut une adresse de sympathie au Congrès envoyée par un groupe de coatti internés à Ustica.

L'ordre du jour n'était pas épuisé. Malheureusement, beaucoup de camarades quittaient Londres ; force était donc d'en rester là, et de se séparer aux cris mille fois répétés de : Vive l'Internationale !

96-442. Paris. — Imp. Ch. Blot, 7, rue Bleue.